＼まぜてチンするだけ／

保存容器でつくる おハコレシピ

検見﨑聡美 Satomi Kenmizaki

青春新書
PLAYBOOKS

保存容器に材料を入れて、まぜてチンするだけ！

この本のページをぱらぱらっとめくってみてください。おいしそうでしょ？　で、割りと本格的で、けっこう手間がかかっているように見えるでしょ？

ところがです、ここで紹介している料理は、ぜんぶ次のレシピで作れてしまいます。

①レンジ対応の保存容器に材料を入れ、混ぜ合わせる。

②電子レンジでチンする。

たったこれだけ。

あとは盛りつけるあなたのセンス次第。面倒なら、そのまま食卓に並べたって問題なし。

ふだんのおかずに、昼食に、夜食に、おつまみに、おやつにと、大活躍まちがいなしです。

火を使わないレンジ調理なので、あらかじめ容器に材料を混ぜて用意しておけば、お子さんや料理の苦手な家族にも安心してまかせられます。好きなときに自分でチンして、できたてアツアツを食べてもらうことができます。

しかもあまったら、そのまま冷蔵庫や冷凍庫で保存もできる、まさにいいことづくめです。

「おハコ（保存容器）」料理が、皆さんの「十八番《おはこ》」となりますように――。

肉のおかず

魚のおかず

目次

野菜のおかず

豆腐のおかず

ごはんとめんと粉もの

スープと汁もの

目次

＊「おハコ」レシピの決めごと＊

決めごと１ ▶▶ **材料**

２人分です。

決めごと２ ▶▶ **大さじ・小さじ・計量カップ**

大さじ１は15cc、小さじ１は5cc、１カップは200ccです。

決めごと３ ▶▶ **レンジ対応の保存容器**

本書のレシピはジップロック・コンテナー角型の中（145㎜×145㎜×63㎜／591㎖）を使用しています。

もちろん、他の保存容器でも作れますが、加熱時間等の調節が必要です。

決めごと４ ▶▶ **電子レンジ**

600Wを使用しています。

ただし、同じワット数でも電子レンジによってクセがありますし、ご使用のレンジ対応保存容器の形や大きさによっても多少誤差が生じます。レシピの加熱時間は目安と考えて調節してください。

決めごと５ ▶▶ **フタをして数分おく**

レシピには、レンジで加熱したあと「フタをして数分おく」という過程があります。これは、余熱を利用して材料に熱を加えていくテクニックです。

ちょっと火の通りがあまいかな、というくらいで加熱をやめて、あとは余熱に任せることで、食べるときにちょうどいい仕上がりになります。

決めごと６ ▶▶ **フタを斜めにのせる**

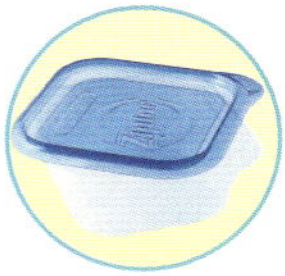

レシピでは、「フタを斜めにのせる」という過程が多く登場します。

レンジ対応の保存容器によっては、蒸気弁がついていて、フタをしたままレンジできるものもありますが、その場合でもフタをはずし、斜めにのせて加熱してください。

肉のおかず

牛肉のたたき

…こんなに簡単なのに、味も見た目も本格派

牛ももかたまり肉……150g

A
- 塩……少々
- こしょう……少々
- しょうゆ……少々
- サラダ油……少々

作り方

1 レンジ対応の保存容器に牛肉を入れる。
2 牛肉に A を順番にすり込む。
3 フタをせずに電子レンジで 1 分 30 秒加熱し、フタをして 3 分おく。
4 切り分けて盛りつけ、好みでわさびを添える。

ビーフストロガノフ

…パンはもちろん、ごはんのおかずにも

玉ねぎ……1/4コ（50ｇ）
▶ 7㎜幅に切る。

生クリーム……1/2カップ

牛もも薄切り肉……100ｇ
▶ 1㎝幅に切る。

塩、こしょう……各少々

薄力粉……大さじ１

A
- 塩……少々
- こしょう……少々
- パプリカパウダー……少々
- ローリエ……少々
- おろしにんにく……少々

作り方

1 レンジ対応の保存容器に牛肉を入れて塩こしょうし、薄力粉をふり入れて全体にまぶす。
2 玉ねぎ、A、生クリームを加えてよく混ぜる。
3 フタを斜めにのせて電子レンジで 3 分加熱する。よく混ぜてフタをして 2 分おく。

青椒肉絲

…油も使わず、栄養バランスもバッチリ!

ピーマン……2コ
▶ **5㎜幅の細切りにする。**

牛もも厚切り肉（5㎜厚さ）
……100ｇ
▶ **5㎜幅の細切りにする。**
しょうゆ
……小さじ 1/2
酒……小さじ 1/2
片栗粉……大さじ 1

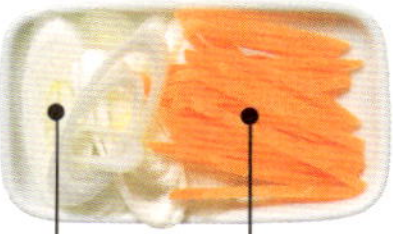

にんじん……少々
▶ **せん切りにする。**

長ねぎ……10㎝
▶ **斜め薄切りにする。**

A
- オイスターソース……大さじ 1/2
- しょうゆ……小さじ 1/2
- ごま油……小さじ 1/2
- こしょう……少々
- おろしにんにく……少々

作り方

1　レンジ対応の保存容器に牛肉を入れ、しょうゆ、酒をからめ、片栗粉をまぶす。
2　1にピーマン、Aを加えてよく混ぜる。
3　フタを斜めにのせて電子レンジで3分加熱する。
4　長ねぎ、にんじんを入れてよく混ぜる。

牛肉とねぎの塩炒め

…シンプルな塩味は、飽きないおいしさ

長ねぎ……1本
▶斜め薄切りにする。

サラダ油……小さじ1

牛もも薄切り肉……100ｇ
▶ひと口大に切る。

塩……少々

作り方

1　レンジ対応の保存容器に牛肉を入れ、塩をふり入れて混ぜる。長ねぎ、サラダ油を加え、よく混ぜる。

2　フタをせずに、電子レンジで2分30秒加熱する。

牛肉とトマトのオイスターソース炒め

…コクがあるのにさっぱり味、
ごはんがすすみます

トマト……中１コ（150ｇ）
▶ひと口大に切る。

片栗粉……大さじ 1/2

牛もも薄切り肉……100ｇ
▶ひと口大に切る。

A
- オイスターソース……大さじ 1/2
- しょうゆ……小さじ 1/2
- こしょう……少々

作り方

1 レンジ対応の保存容器に牛肉を入れ、Aを加えてよく混ぜる。
2 トマトを加え、片栗粉をふり入れてよく混ぜる。
3 フタを斜めにのせて、電子レンジで2分30秒加熱する。

焼豚

…手間も時間もかかる焼豚が、驚きの手軽さで

豚肩ロース肉……150ｇ

A
- しょうゆ……大さじ 1
- 砂糖……大さじ 1/2
- 甜麺醤……小さじ 1
- こしょう……少々
- ごま油……小さじ 1/2
- 長ねぎ（斜め薄切り）……3㎝
- しょうが（薄切り）……3 枚

作り方

1 レンジ対応の保存容器にAを合わせる。
2 1に豚肉を入れ、フォークで全体を刺し、調味料をよくからめて10分おく。
3 フタを斜めにのせて、電子レンジで3分加熱する。豚肉を裏返し、フタをして2分おく。
4 切り分けて盛りつける。

豚の小角煮

…小さめの角煮なら、短時間でこのやわらかさ

豚ばらかたまり肉……200ｇ
▶ 2.5㎝角に切る。

A
- みそ……大さじ１
- 砂糖……大さじ１
- みりん……大さじ１
- しょうゆ……小さじ１

作り方

1 レンジ対応の保存容器にＡを合わせ、豚肉を入れてよく混ぜる。
2 フタを斜めにのせて、電子レンジで５分加熱する。フタをして２分おく。
3 盛りつけて、好みで辛子を添える。

豚ばらタンドリー

…インパクト大の味は、ごはんにも、ビールにも

豚ばらかたまり肉……200ｇ
▶ 1㎝厚さに切る。

A
- 塩……少々
- こしょう……少々
- カレー粉……大さじ 1
- おろしにんにく……少々
- しょうゆ……大さじ 1/2
- トマトピューレ……大さじ 1
- プレーンヨーグルト……大さじ 3

作り方

1 レンジ対応の保存容器に豚肉を入れ、Aを順番に混ぜながら加える。
2 フタを斜めにのせて、電子レンジで5分加熱する。フタをして3分おく。

豚スペアリブの中華蒸し…

みんなが喜ぶ、ボリューム満点のごちそう

豚スペアリブ……200ｇ

A
- 塩……少々
- 豆板醤……小さじ 1/2
- 砂糖……小さじ 1/2
- 粉山椒……小さじ 1/4
- しょうゆ……少々
- ごま油……小さじ 1/4

作り方

1　レンジ対応の保存容器に豚スペアリブを入れ、Aを順番に加えてよくもみ込む。
2　フタを斜めにのせて、電子レンジで5分加熱する。フタをして3分おく。
3　盛りつけて、好みで万能ねぎを添える。

豚れんこんみそ炒め

…豚肉とみそが好相性、食感もシャキシャキ楽しいお惣菜

豚ばら薄切り肉……100g
▶ひと口大に切る。

れんこん……1/2節(100g)
▶皮をむき、5㎜厚さの半月切りにする。

A
- みそ……大さじ1
- 砂糖……大さじ1/2
- 酒……小さじ1

作り方

1 レンジ対応の保存容器にAを合わせ、豚肉を入れてよく混ぜる。れんこんを加えて軽く混ぜる。
2 フタを斜めにのせて、電子レンジで3分加熱する。
3 盛りつけて、好みで一味唐辛子をふる。

照り焼きチキン

……照りよくジューシーな仕上がりに大満足です

鶏もも肉……1枚(250g)

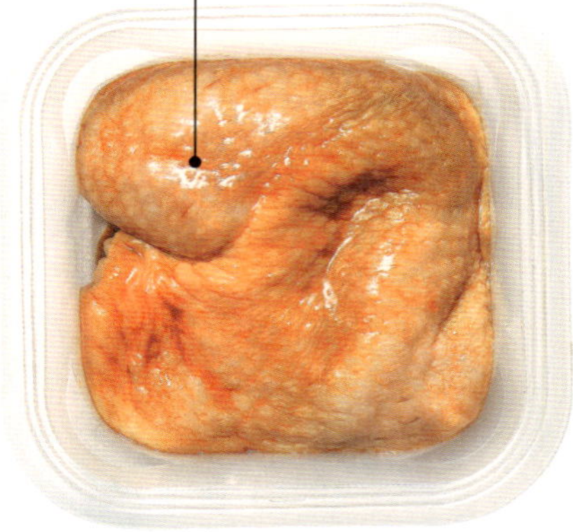

A
- 甜麺醤……小さじ1
- しょうゆ……大さじ1
- ごま油……小さじ1/2
- 砂糖……小さじ1

作り方

1　レンジ対応の保存容器に鶏肉を入れ、全体をフォークで刺す。
2　Ａを順番に加えてよく混ぜ、皮を上にする。
3　フタを斜めにのせて、電子レンジで５分加熱する。フタをして３分おく。

手羽先のにんにくナンプラー蒸し

…アジアの香りが、クセになるおいしさ

鶏手羽先……4本
ナンプラー……大さじ1

にんにく……1かけ
▶薄切りにする。

赤唐辛子……1本
▶ちぎる。

作り方

1 レンジ対応の保存容器に鶏手羽先を入れてナンプラーをからめ、にんにく、赤唐辛子を入れる。
2 フタを斜めにのせて、電子レンジで 5 分加熱する。フタをして 2 分おく。
3 盛りつけて、あれば香菜をちらす。

手羽元フライドチキン

…揚げてないのに、納得の〝フライド〟チキン

鶏手羽元……4本

薄力粉……大さじ1
サラダ油……小さじ1

A
- 塩……少々
- こしょう……少々
- おろしにんにく……少々
- トマトケチャップ……大さじ1/2
- ウスターソース……小さじ1
- しょうゆ……小さじ1/2
- はちみつ……小さじ1

作り方

1 レンジ対応の保存容器に鶏手羽元を入れ、Aを順番に加えてよくもみ込み、10分おく。
2 薄力粉をまぶしてサラダ油をかけ、手羽元が重ならないように並べる。
3 フタをせずに、電子レンジで5分加熱する。

タッカルビ風…韓国の家庭料理も、今日から「おハコ」

玉ねぎ……1/4 コ(50ｇ)
▶細切りにする。

にんじん……1/5 本(30ｇ)
▶細切りにする。

鶏もも肉……100ｇ
▶ひと口大のそぎ切りにする。

A
- コチュジャン……大さじ 1
- 砂糖……小さじ 1
- しょうゆ……小さじ 1
- こしょう……少々
- しょうが汁……小さじ 1
- おろしにんにく……少々
- 長ねぎ(みじん切り) ……5㎝
- ごま油……小さじ 1/2

さやいんげん
……3 本 (30ｇ)
▶縦半分に切って、3㎝長さに切る。

作り方

1 レンジ対応の保存容器に鶏肉、Aを入れてよく混ぜる。にんじん、玉ねぎを加え、軽く混ぜる。
2 フタを斜めにのせて、電子レンジで2分30秒加熱し、さやいんげんを加えて混ぜる。

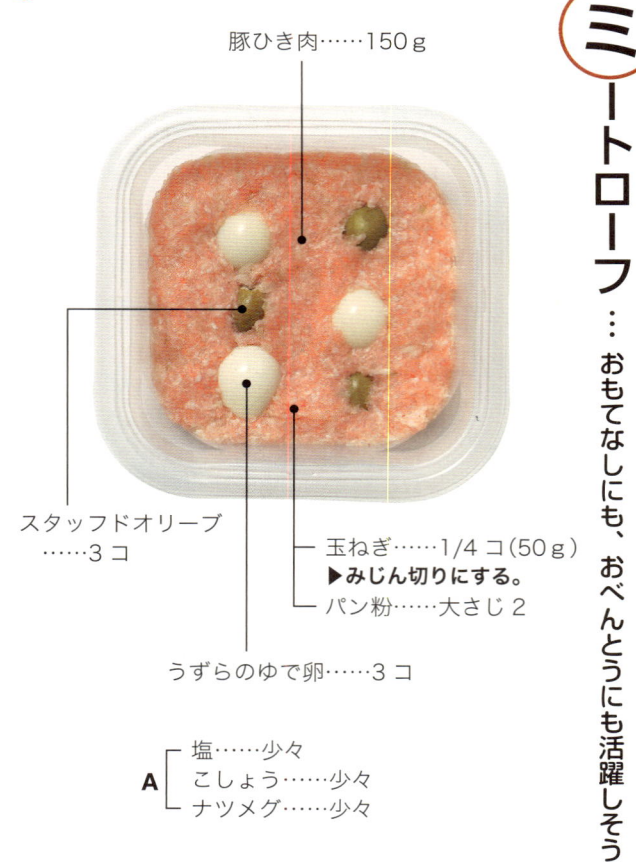

ミートローフ…おもてなしにも、おべんとうにも活躍しそう

豚ひき肉……150ｇ

スタッフドオリーブ……3 コ

玉ねぎ……1/4 コ(50ｇ)
▶みじん切りにする。
パン粉……大さじ 2

うずらのゆで卵……3 コ

A
- 塩……少々
- こしょう……少々
- ナツメグ……少々

作り方

1 レンジ対応の保存容器に玉ねぎ、パン粉を入れて混ぜる。豚ひき肉、Aを加えてよく混ぜる。
2 表面を平らにし、うずらの卵、オリーブを埋め込む。
3 フタを斜めにのせて、電子レンジで4分加熱する。フタをして3分おく。
4 切り分けて盛りつけ、好みで粒マスタードを添える。

キャラメルさつまいも

材料♣

さつまいも……5㎝（75ｇ）
キャラメル……2コ

作り方

1 さつまいもは2.5㎝幅の輪切りにし、それぞれレンジ対応の小さな紙ケースに入れる。
2 レンジ対応の保存容器に1を入れ、さつまいもの上にキャラメルをのせる。
3 フタを斜めにのせて、電子レンジで2分加熱する。

魚のおかず

かじきまぐろのトマト蒸し

…イタリアンなひと皿も、レンジでたった2分!

かじきまぐろ……小３切れ(150ｇ)

アンチョビ……２切れ
▶粗く刻む。

トマト……大１コ(100ｇ)
▶ 1cm角に切る。

塩、こしょう……各少々
白ワイン……小さじ１

パセリのみじん切り……適量

作り方

1 レンジ対応の保存容器にかじきまぐろを入れ、トマト、アンチョビをのせる。塩こしょうして、白ワインをふる。
2 フタを斜めにのせて、電子レンジで2分加熱する。フタをして2分おく。
3 盛りつけて、パセリをちらす。

さけのムニエル

……少量のバターで作れるヘルシーなムニエル

バター……4g
▶ **5㎜角に切る。**

生さけ……1切れ(100g)
▶ **レンジ対応の保存容器に入る大きさに切る。**
塩、こしょう……各少々
薄力粉……少々

タルタルソース……適量
レモン……適量

作り方

1 さけに塩こしょうして薄力粉をはたき、レンジ対応の保存容器に入れてバターをちらす。

2 フタをせずに、電子レンジで 1 分加熱する。フタをして 2 分おく。

3 タルタルソース、レモンを添える。

たいのカレーマヨ炒め

…淡泊なたいを、ごはんによく合う味つけで

玉ねぎ……1/4 コ（50ｇ）
▶5㎜幅に切る。

たい（刺身用）……150ｇ
▶ひと口大に切る。

片栗粉……小さじ 1

A
- 塩……少々
- こしょう……少々
- カレー粉……小さじ 1/4
- おろしにんにく……少々
- ごま油……小さじ 1/2

マヨネーズ……大さじ 2
カレー粉……小さじ 1/4

作り方

1 レンジ対応の保存容器にたいを入れ、Aを加えてよく混ぜる。さらに片栗粉を加えて混ぜ、最後に玉ねぎを加える。
2 フタをせずに、電子レンジで2分加熱し、マヨネーズ、カレー粉を加えて混ぜる。

えびチリ…中華の人気料理が、この手軽さで作れるなんて

片栗粉……小さじ 1

えび……10 尾(150g)
▶背わたと足を取り除き、背に切り込みを入れる。
酒……小さじ 1
しょうゆ……小さじ 1

A
- 長ねぎ(みじん切り) ……5㎝
- しょうが(みじん切り) ……1 かけ
- にんにく(みじん切り) ……1/2 かけ

B
- しょうゆ……大さじ 1/2
- 甜麺醤……小さじ 1
- ケチャップ……大さじ 1
- オイスターソース……小さじ 1
- 豆板醤……小さじ 1/4

作り方

1 レンジ対応の保存容器にえびを入れ、酒、しょうゆをふってもみ込む。
2 1に片栗粉、A、Bの順に加えて混ぜる。
3 フタをせずに、電子レンジで2分加熱する。フタをして3分おく。

かれいの煮つけ

…難しい魚の煮つけも、これなら失敗ナシ

長ねぎ……1/2 本
▶ 3㎝長さのぶつ切りにする。

しょうが(薄切り)……3 枚

かれい……1 切れ(150g)
▶半分に切り、塩少々をふる。

A
- 酒……大さじ 1
- しょうゆ……大さじ 1
- みりん……大さじ 1/2
- 砂糖……小さじ 1

作り方

1　レンジ対応の保存容器にAを合わせ、かれいを入れてからめる。しょうが、長ねぎを加える。
2　フタを斜めにのせて、電子レンジで2分30秒加熱する。フタをして3分おく。

ぶり大根

…味がしみた大根にビックリするはず

ぶり……2切れ（150g）
▶**ひと口大に切る。**

大根……2㎝（150g）
▶**1㎝厚さの半月切りにする。**

A
- 酒……大さじ1
- しょうゆ……大さじ1
- みりん……大さじ1
- しょうが（薄切り）……3枚

作り方

1 レンジ対応の保存容器にAを合わせ、ぶりを入れてからめる。さらに大根を加えて混ぜ合わせる。

2 フタを斜めにのせて、電子レンジで4分加熱する。フタをして3分おく。

さわらの西京焼き

‥漬け込まずに、調味料をからめるだけでOK

さわら……小２切れ(150ｇ)

A［ みそ……大さじ１
　 みりん……大さじ1/2

作り方

1 レンジ対応の保存容器にAを合わせる。
2 さわらを入れてよくからめる。
3 フタをせずに、電子レンジで 2 分加熱する。

たちうおの薬味蒸し

…たっぷりの薬味が、食欲をそそります

たちうお……2 切れ（150 g）
▶ 5㎜間隔に切り込みを入れる。

長ねぎ……10㎝
▶みじん切りにする。
しょうが……1 かけ
▶みじん切りにする。
にんにく……1/2 かけ
▶みじん切りにする。
にら……1/5 束（20 g）
▶ 5㎜幅に切る。

A
- ごま油……小さじ 1
- オイスターソース……小さじ 2
- しょうゆ……小さじ 1

作り方

1 レンジ対応の保存容器に長ねぎ、しょうが、にんにく、にらを入れて混ぜる。

2 たちうおを入れてよく混ぜ合わせ、Aを順番に加えて混ぜる。

3 フタを斜めにのせて、電子レンジで2分加熱する。フタをして3分おく。

さばのおろし蒸し…塩焼きやみそ煮に飽きたら「さっぱり蒸し」で

大根……2㎝(200ｇ)
▶すりおろして汁気をきる。

しょうが……1かけ
▶みじん切りにする。

さば……2切れ
▶皮に切り込みを入れる。
塩……少々
酒……大さじ1

万能ねぎ(小口切り)……少々

作り方

1 レンジ対応の保存容器にさばを入れ、塩、酒をふる。
2 大根おろしとしょうがを混ぜて、さばの上にのせる。
3 フタを斜めにのせて、電子レンジで 2 分 30 秒加熱する。フタをして 3 分おく。
4 盛りつけて万能ねぎをちらす。

ねぎま…気の利いた小鉢に、酒の肴に

まぐろの赤身……100ｇ
▶そぎ切りにする。

長ねぎ……1/2本(50ｇ)
▶斜め切りにする。

A
- しょうゆ……大さじ1
- 砂糖……小さじ1
- 酒……大さじ1/2

作り方

1 レンジ対応の保存容器にまぐろ、長ねぎ、Aを入れてよく混ぜる。

2 フタを斜めにのせて、電子レンジで 1 分 30 秒加熱する。フタをして 2 分おく。

たらのキムチ煮

…ピリ辛のキムチ煮は、魚が苦手な人にもおすすめ

生たら……2切れ(150g)
▶ひと口大に切る。

ごま油
……小さじ1

白菜キムチ……100g

にら……少々
▶2㎝幅に切る。

作り方

1 レンジ対応の保存容器にたら、キムチ、ごま油を入れて混ぜ合わせる。
2 フタを斜めにのせて、電子レンジで 2 分加熱する。フタをして 3 分おく。にらを加えて混ぜる。

あさりの黒酢蒸し

…あさりのうまみと、黒酢の風味がたまりません

あさり……200ｇ
▶**砂出しして洗う。**

黒酢
……大さじ１

にんにく……少々
▶**薄切りにする。**

赤唐辛子……少々
▶**輪切りにする。**

作り方

1 レンジ対応の保存容器にあさり、にんにく、赤唐辛子、黒酢を入れる。
2 フタを斜めにのせて、電子レンジで 2 分 30 秒加熱する。フタをして 3 分おく。

春巻きの皮 チョコパイ

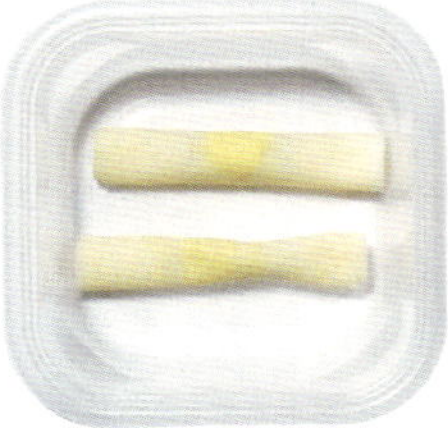

材料♣

春巻きの皮……1 枚
マーガリン……少々
チョコレート……少々

作り方

1 春巻きの皮は半分に切り、縦長におく。マーガリンを塗ってチョコレートをおいて手前からくるくると巻く。

2 レンジ対応の保存容器に 1 を並べ入れ、フタをせずに、電子レンジで 1 分加熱する。

野菜のおかず

肉じゃが
…じゃがいもはチンしてから割るのが“味しみ”のコツ

玉ねぎ……1/4コ（50ｇ）
▶ 5㎜幅の細切りにする。

じゃがいも……1コ（120ｇ）

牛こま切れ肉……50ｇ

A
- 酒……大さじ1
- しょうゆ……小さじ2
- 砂糖……大さじ1/2

作り方

1 レンジ対応の保存容器に玉ねぎ、牛肉、Aを入れてよく混ぜ、じゃがいもを皮をむかずに丸ごと入れる。
2 フタを斜めにのせて、電子レンジで6分加熱する。フタをして4分おく。
3 じゃがいもをフォークでひと口大に割り、全体を混ぜる。

れんこんのねぎみそ蒸し

…シャキシャキの食感と、ねぎみその旨辛がやみつき！

れんこん……1/2節（100ｇ）
▶**皮はむかずに、1.5㎝厚さの輪切りにする。**

長ねぎ……5㎝
▶**みじん切りにする。**
みそ……大さじ 1
砂糖……大さじ 1/2

作り方

1 長ねぎ、みそ、砂糖を混ぜ合わせ、れんこんの表面に塗る。
2 1をレンジ対応の保存容器に入れ、フタを斜めにのせて、電子レンジで3分加熱する。フタをして3分おく。
3 盛りつけて、好みで万能ねぎを添える。

かぼちゃのしょうゆ煮

…からだにうれしい野菜の副菜は、簡単手間なしで

かぼちゃ……1/8コ（200ｇ）
▶ひと口大に切る。
砂糖……大さじ 1/2
しょうゆ……大さじ 1

作り方

1 レンジ対応の保存容器にかぼちゃ、砂糖、しょうゆを入れて混ぜ合わせる。
2 フタを斜めにのせて、電子レンジで 4 分加熱する。フタをして 3 分おく。

小松菜と油揚げの煮びたし

…青菜を変えれば、バリエーションは無限大

小松菜……1/3束（80ｇ）
▶3㎝長さに切る。

油揚げ……1/2 枚
▶細切りにし、
熱湯をかけて油抜きする。

A
- だし汁……1/4 カップ
- みりん……小さじ 1
- しょうゆ……小さじ 2

作り方

1 レンジ対応の保存容器に小松菜、油揚げ、Aを入れる。
2 フタを斜めにのせて、電子レンジで2分加熱する。フタをして3分おく。

大根とベーコンの重ね蒸し

…ベーコンのうまみが大根にしみしみです

大根……2㎝（150ｇ）
▶薄い輪切りにする。

酒……大さじ１

ベーコン……３枚
▶ 4㎝幅に切る。

塩、こしょう……各少々

作り方

1 レンジ対応の保存容器に大根、ベーコンを重ねて入れ、酒をふる。
2 フタを斜めにのせて、電子レンジで 2 分加熱する。フタをして 3 分おき、塩こしょうする。

ズッキーニのチーズ蒸し…パンのおかずに、ワインのおともに

玉ねぎ……1/4コ(50ｇ)
▶みじん切りにする。

トマト……小１コ(100ｇ)
▶輪切りにする。

ピザ用チーズ……50ｇ

ズッキーニ……1/2本(100ｇ)
▶縦に7㎜厚さに切る。

塩、こしょう……各少々

作り方

1　レンジ対応の保存容器にズッキーニを入れて塩こしょうする。トマト、玉ねぎをのせ、ピザ用チーズをちらす。

2　フタを斜めにのせて、電子レンジで 2 分加熱する。

ラタトゥイユ…パスタや肉や魚のソースにも使えて便利です

なす……1本(80g)
▶ **1.5㎝角に切る。**

セロリ……4.5㎝(20g)
▶ **1.5㎝角に切る。**

玉ねぎ……1/4 コ(50g)
▶ **1.5㎝角に切る。**

トマト……中 1 コ(150g)
▶ **1.5㎝角に切る。**

A
- トマトペースト……大さじ 1
- にんにく(みじん切り) ……少々
- オリーブ油……大さじ 1
- ローリエ……1/2 枚
- タイム……少々
- オレガノ……少々
- 塩……少々
- こしょう……少々

作り方

1　レンジ対応の保存容器にすべての野菜とAを入れて混ぜ合わせる。
2　フタを斜めにのせて、電子レンジで6分加熱する。フタをして3分おく。

いんげんのトマト煮…いつもは脇役のいんげんを、もりもり主役で

玉ねぎ……1/4コ（50ｇ）
▶みじん切りにする。

さやいんげん……14本（80ｇ）
塩、こしょう……各少々

トマト……大1/2コ（100ｇ）
▶粗く刻む。

作り方

1 レンジ対応の保存容器にさやいんげんを入れて塩こしょうし、玉ねぎ、トマトをのせる。
2 フタを斜めにのせて、電子レンジで3分加熱する。

ポテトサラダ…ねっとりポテトにシャキリ野菜がおいしい

じゃがいも……1コ(120g)

ソーセージ……2本(50g)
▶ **1cm幅に切る。**

にんじん……1/8本(20g)
▶ **5mm角に切る。**

玉ねぎ……1/6コ(30g)
▶ **薄切りにする。**

きゅうり……1/3本(30g)
▶ **5mm角に切る。**

A
- 塩……少々
- こしょう……少々
- マヨネーズ……大さじ3

作り方

1 レンジ対応の保存容器にじゃがいも、ソーセージを入れ、フタを斜めにのせて、電子レンジで４分加熱する。フタをして３分おく。

2 じゃがいもをフォークでひと口大に割り、玉ねぎ、にんじん、きゅうりを加え、Aで和える。

にんじんサラダ…ヨーグルトドレッシングがさわやか

- にんじん……2/3 本(100g)
  ▶せん切りにする。
- オリーブ油……大さじ 1

A
- 塩……少々
- こしょう……少々
- ヨーグルト……1/2 カップ
- 砂糖……少々
- レモン汁……小さじ 1

作り方

1　レンジ対応の保存容器ににんじんを入れ、オリーブ油を混ぜる。
2　フタを斜めにのせて、電子レンジで２分加熱する。フタをして３分おく。
3　Ａを順番に加えてよく混ぜ、あればタイムを飾る。

キャベツのマリネ

…食卓に野菜がたりないな、というときに便利な一品

キャベツ……2〜3枚（150ｇ）
▶ひと口大に切る。

A
- 塩……少々
- こしょう……少々
- オリーブ油……小さじ１
- 酢……大さじ１

作り方

1　レンジ対応の保存容器にキャベツを入れ、フタを斜めにのせて、電子レンジで２分加熱する。フタをして１分おく。
2　Ａを順番に加えて和える。

しめじとアスパラガスのナムル

…ちょっとインパクトのある副菜がほしいときに

しめじ……1パック
▶**石づきを取ってほぐす。**

アスパラガス……4本（100g）
▶ **3cm長さの斜め切りにする。**

A
- ごま油……小さじ1/2
- おろしにんにく……少々
- 塩……少々
- こしょう……少々
- 砂糖……小さじ1/4
- 一味唐辛子……少々
- いりごま（白）……大さじ1

作り方

1 レンジ対応の保存容器にしめじ、アスパラガスを入れ、フタを斜めにのせて、電子レンジで 1 分 30 秒加熱する。

2 Aを順番に加えて和える。

チャプチェ…副菜にも、主菜にもなる人気の韓国おかず

牛もも薄切り肉……50ｇ
▶細切りにする。

湯……1/2 カップ

春雨……40ｇ

にんじん……1/5 本(30ｇ)
▶せん切りにする。

A
- しょうゆ……小さじ 2
- 砂糖……小さじ 1
- こしょう……少々
- ごま油……小さじ 1

きゅうり……1/3 本(30ｇ)
▶せん切りにする。

ピーマン……1/2 コ(20ｇ)
▶せん切りにする。

塩……少々
いりごま(白)……少々

作り方

1　レンジ対応の保存容器に牛肉、にんじん、Aを入れてよく混ぜ合わせる。湯を注いで春雨を入れ、全体を混ぜる。

2　フタを斜めにのせて、電子レンジで3分加熱する。ピーマン、きゅうりを加えて混ぜ、塩で味をととのえてごまをふる。

カリフラワーと豚ひき肉のピリ辛炒め

…味もボリュームも、食べごたえのある野菜料理

カリフラワー……1/3株(150g)
▶小房に分ける。

豚ひき肉……50g

A
- しょうゆ……大さじ 1/2
- 砂糖……小さじ 1
- 豆板醤……小さじ 1/4
- にんにく(みじん切り)……少々
- しょうが(みじん切り)……少々
- ごま油……小さじ 1/2

長ねぎ……10㎝
▶縦 4 つ割りに切り、5㎜幅に切る。

作り方

1 レンジ対応の保存容器に豚ひき肉、Aを加えてよく混ぜたら、カリフラワーを入れて混ぜ合わせる。
2 フタを斜めにのせて、電子レンジで2分30秒加熱する。長ねぎを加え、フタをして1分おく。

ブロッコリーのかにあんかけ

…この作り方なら、あんがダマになりません

かにのほぐし身（缶詰）……小1缶

湯……1/4 カップ

ブロッコリー……1/2 株（150g）
▶小房に分ける。

片栗粉……小さじ 2

A
- 塩……少々
- 砂糖……少々
- こしょう……少々
- しょうが（せん切り）……少々

作り方

1　レンジ対応の保存容器にブロッコリーを入れて片栗粉をまぶす。

2　かにのほぐし身を缶の汁ごと加えて混ぜ、湯、Aを加えてよく混ぜる。

3　フタを斜めにのせて電子レンジで2分加熱し、すぐに全体をよく混ぜる。

きゅうりの甘酢漬け

…すぐに漬かるから、食べたい時が作り時

きゅうり……1本
▶ **4㎝長さに切り、縦4つ割りに切る。**

A
- 酢……大さじ3
- 砂糖……大さじ1
- 塩……小さじ1/2
- みりん……大さじ1
- 水……大さじ2
- 赤唐辛子(輪切り)……少々

作り方

1　レンジ対応の保存容器にAを合わせ、きゅうりを入れる。
2　フタを斜めにのせて、電子レンジで1分加熱する。

白玉シロップ

材料♣

白玉粉……20ｇ

水……大さじ 1 1/3

A［水……1/2 カップ
砂糖……大さじ 1

作り方

1 白玉粉に水を加えてこね、小さく丸めてレンジ対応の保存容器に並べ入れる。

2 1 に A を加える。

3 フタを斜めにのせて、電子レンジで 2 分加熱する。

豆腐のおかず

麻婆豆腐…この手軽さで、ピリ辛の中にうまみアリ

木綿豆腐……小1丁（200ｇ）

片栗粉……小さじ 2

豚ひき肉……50ｇ

A
- にんにく（みじん切り）……少々
- 豆板醤……小さじ 1/2
- 甜麺醤……大さじ 1
- しょうゆ……小さじ 1
- オイスターソース……小さじ 1
- ごま油……小さじ 1

長ねぎ……10㎝
▶粗いみじん切りにする。

作り方

1　レンジ対応の保存容器に豚ひき肉、Aを入れてよく混ぜる。
2　1に豆腐を入れて片栗粉をふる。豆腐をひと口大に割り、全体を混ぜる。
3　フタを斜めにのせて、電子レンジで3分加熱する。長ねぎを加えて混ぜる。

肉豆腐…日本人なら、だれもがほっとする味わい

木綿豆腐……小1丁(200g)
▶ひと口大に切る。

長ねぎ……1/2本
▶斜め切りにする。

牛こま切れ肉……100g

A
- 酒……大さじ1
- しょうゆ……大さじ1
- 砂糖……大さじ1/2

作り方

1 レンジ対応の保存容器に牛肉、Ａを入れてよく混ぜる。豆腐を加えて混ぜ合わせ、長ねぎをのせる。
2 フタを斜めにのせて、電子レンジで５分加熱する。

蒸し豆腐…見た目を裏切る簡単調理、しかも意外にしっかり味

木綿豆腐……小 1/2 丁（200ｇ）
▶手でぎゅっと握りつぶし、水気をしぼる。

片栗粉……大さじ 1/2

にら……1/3束（30ｇ）
▶5㎜幅に切る。

ツナ（缶詰）……小 1/2 缶
▶汁気をきる。

A
- ごま油……小さじ 1
- オイスターソース……小さじ 1
- しょうゆ……小さじ 1

作り方

1 レンジ対応の保存容器に豆腐、ツナ、にら、片栗粉を入れてよく混ぜ、表面を平らにする。

2 フタを斜めにのせて、電子レンジで 3 分加熱する。フタをして 3 分おく。

3 切り分けて盛りつけ、A を合わせたたれをかける。

豆腐のオイスターソース煮

…オイスターソースのコクが、ごはんによく合う

長ねぎ……1/2本
▶斜め薄切りにする。

えのきだけ……1/2袋
▶根元を切り落とし、長さを半分に切ってほぐす。

木綿豆腐……小1丁(200g)
▶1㎝厚さに切る。

A
- オイスターソース……大さじ1
- しょうゆ……小さじ1
- ごま油……小さじ1
- こしょう……少々

作り方

1 レンジ対応の保存容器にAを合わせ、豆腐を入れて全体にからめる。えのきだけ、長ねぎをのせる。
2 フタを斜めにのせて、電子レンジで 3 分加熱する。

厚揚げの中華風みそ炒め

…さまざまな食感が楽しいおかずです

厚揚げ……1/2 丁（120ｇ）
▶熱湯をかけて油抜きし、1㎝角に切る。

焼豚……50ｇ
▶1㎝角に切る。

にんじん……1/5 本（30ｇ）
▶ 1㎝角に切る。

ゆでたけのこ……1/3 本（50ｇ）
▶ 1㎝角に切る。

さやいんげん……2 本（20ｇ）
▶ 1㎝幅に切る。

A
- 甜麺醤……大さじ 1
- しょうゆ……小さじ 1
- こしょう……少々
- おろしにんにく……少々
- 豆板醤……少々
- ごま油……小さじ 1

作り方

1　レンジ対応の保存容器にAを合わせ、厚揚げ、焼豚、たけのこ、にんじん、さやいんげんを入れてよく混ぜる。
2　フタをせずに、電子レンジで2分加熱する。

油揚げの精進炒め

…優しい味つけで、じんわり癒されます

油揚げ……1枚
▶**細切りにし、熱湯をかけて油抜きする。**

きぬさや……10枚(30g)
▶**細切りにする。**

しいたけ……2枚
▶**薄切りにする。**

にんじん……1/5本(30g)
▶**細切りにする。**

いりごま(白)……少々

A
- ごま油……小さじ1
- 塩……少々
- 砂糖……小さじ1/3

作り方

1 レンジ対応の保存容器に油揚げ、にんじん、しいたけ、きぬさや、Aを入れて混ぜ合わせる。

2 フタをせずに、電子レンジで2分加熱する。ごまをふってよく混ぜる。

栗蒸し まんじゅう

材料♣

A
- 薄力粉……30ｇ
- ベーキングパウダー……小さじ 1/3
- 砂糖……小さじ 2

水……大さじ 1

栗の甘露煮（半分に切る）……2 コ

作り方

1 ボウルにAをふるい入れて合わせ、水を加えてこねる。

2 1 を 4 等分して栗を包み、レンジ対応の小さな紙ケースに入れる。

3 2 をレンジ対応の保存容器に並べ入れ、フタを斜めにのせて、電子レンジで 1 分 10 秒加熱する。

ごはんとめんと粉もの

牛丼…たったこれだけで、お店にも負けないおいしさ

牛こま切れ肉……100ｇ

玉ねぎ……1/2コ（100ｇ）
▶7～8㎜幅の細切りにする。

A［しょうゆ……大さじ２
　みりん……大さじ２

ごはん……適量
紅しょうが……少々

作り方

1 レンジ対応の保存容器に牛肉、玉ねぎを入れ、Aを加えて混ぜ合わせる。
2 フタを斜めにのせて、電子レンジで3分加熱する。
3 ごはんに2をのせ、紅しょうがを添える。

ドライカレー…火を使わないから、暑い夏にうれしいカレーレシピ

牛ひき肉……100g

にんじん……1/5本(30g)
▶みじん切りにする。

玉ねぎ……1/4コ(50g)
▶みじん切りにする。

にんにく……少々
▶みじん切りにする。

ピーマン……1コ
▶みじん切りにする。

A
- 塩……少々
- こしょう……少々
- カレー粉……大さじ1/2
- ウスターソース……大さじ1/2
- ケチャップ……大さじ1/2
- ナツメグ……少々

ごはん……適量

作り方

1 レンジ対応の保存容器に牛ひき肉、にんにく、玉ねぎ、にんじん、Aを入れてよく混ぜる。

2 フタを斜めにのせて、電子レンジで3分加熱する。ピーマンを加えてよく混ぜる。

3 ごはんに添えて盛りつける。

お好み焼き……まさかレンジで作れるとは…でも作れちゃうんです

キャベツ……1 枚(75g)
▶**粗いみじん切りにする。**

豚ばら薄切り肉……1 枚

天かす……大さじ 2

水……1/4 カップ

卵……1/2 コ

紅しょうが……大さじ1(10g)
▶**みじん切りにする。**

薄力粉……1/2 カップ(50g)

ソース、マヨネーズ、かつおぶし、青のり……各適量

作り方

1 レンジ対応の保存容器にキャベツ、紅しょうが、天かすを入れて混ぜる。薄力粉を加えてよく混ぜ、卵、水を加えて混ぜ合わせる。平らに広げ、豚肉をのせる。
2 フタを斜めにのせて、電子レンジで４分加熱する。フタをして容器を逆さにして３分おき、盛りつける。
3 ソース、マヨネーズ、かつおぶし、青のりをかける。

にらとあさりのチヂミ

…チヂミだって、うまみたっぷり、おいしく完成

にら……8本
▶10㎝長さに切る。

ごま油……小さじ1/2

刻み唐辛子……少々

あさりの水煮(缶詰)……30g

A
- 薄力粉……1/4カップ(25g)
- 水……1/4カップ
- 卵……1/2コ
- 塩……少々
- こしょう……少々

作り方

1 レンジ対応の保存容器にA、あさりを入れてよく混ぜる。にらを並べ入れ、唐辛子をちらし、ごま油をふり入れる。
2 フタを斜めにのせて、電子レンジで2分加熱する。フタをして容器を逆さにして3分おく。
3 切り分けて盛りつけ、好みでコチュジャンを添える。

みそ煮込みうどん

…簡単に済ませたいお昼ごはんにおすすめ

ゆでうどん……1玉

鶏もも肉……50g
▶そぎ切りにする。

長ねぎ……1/2本
▶斜め切りにする。

だし汁……1カップ
みそ……大さじ1

作り方

1 レンジ対応の保存容器にだし汁を入れてみそを溶き、うどん、鶏肉、長ねぎを入れる。
2 フタを斜めにのせて、電子レンジで 5 分加熱する。
3 盛りつけて好みで七味唐辛子をかける。

ナポリうどん…懐かしいあの味をうどんで作ってみたら…

ゆでうどん……1玉

玉ねぎ……1/4コ(50g)
▶7〜8㎜幅に切る。

ベーコン……2枚
▶ 3㎝長さに切る。

A
- ケチャップ……大さじ3
- ウスターソース……大さじ1/2
- こしょう……少々

パセリのみじん切り……少々

作り方

1 レンジ対応の保存容器にうどんを入れ、ベーコン、玉ねぎをのせる。Aを加えてベーコンと玉ねぎを和える。
2 フタを斜めにのせて、電子レンジで3分加熱し、よく混ぜる。
3 盛りつけて、パセリをちらす。

ねぎ塩焼きそば

…炒めない焼きそばは、さっぱりでおいしい

中華蒸しめん……1玉

豚ばら薄切り肉……50g
▶ 2㎝幅に切る。

長ねぎ……1/2本
▶斜め薄切りにする。

A
- 塩……少々
- こしょう……少々
- ごま油……小さじ1

作り方

1 レンジ対応の保存容器に蒸しめんを入れ、豚肉、長ねぎをのせ、Aを加える。
2 フタを斜めにのせて、電子レンジで3分加熱し、よく混ぜる。
3 盛りつけて好みで粉山椒をかける。

汁なし坦々めん…こってりピリ辛で、食べごたえ十分

中華蒸しめん……1 玉

豚ひき肉……50g

長ねぎ……10㎝
▶みじん切りにする。

味つきザーサイ……20g
▶みじん切りにする。

A
- 練りごま……大さじ 1
- 甜麺醤……大さじ 1
- ラー油……少々
- ごま油……少々

作り方

1　レンジ対応の保存容器に味つきザーサイ、長ねぎ、豚ひき肉、Aを入れて混ぜ合わせ、蒸しめんを加える。

2　フタを斜めにのせて、電子レンジで3分加熱し、よく混ぜる。

3　盛りつけて好みで香菜を添える。

カレーピラフ…カンタン絶品ピラフは、もち米がポイント

もち米……1/2合
▶研ぐ。

玉ねぎ……1/4コ（50g）
▶5㎜角に切る。

にんじん……1/5本（30g）
▶5㎜角に切る。

牛ひき肉……50g

A
- カレー粉……小さじ1
- 塩……小さじ1/4
- ナツメグ……少々
- こしょう……少々
- しょうゆ……少々
- 酒……大さじ1
- 水……1/2カップ

作り方

1 レンジ対応の保存容器にAを合わせ、もち米、玉ねぎ、にんじん、牛ひき肉を入れる。
2 フタを斜めにのせて、電子レンジで9分加熱する。混ぜてフタをして5分おく。

鶏ごぼうおこわ…

おこわは面倒…そんな常識がくつがえります

もち米……1/2 合
▶研ぐ。

ごぼう……1/4 本(20g)
▶ 1cm角に切る。

鶏もも肉……50g
▶1cm角に切る。

A
- しょうゆ……小さじ 1
- 砂糖……小さじ 1/2
- 塩……少々
- 酒……大さじ 1
- 水……1/2 カップ

作り方

1 レンジ対応の保存容器にAを合わせてもち米を入れ、鶏肉、ごぼうをのせる。

2 フタを斜めにのせて、電子レンジで9分加熱する。混ぜてフタをして5分おく。

鶏粥…食欲がないときや、お酒のシメにおすすめ

鶏ひき肉……50ｇ
ごはん……2/3膳(100ｇ)
しょうがの薄切り……2 枚
水……1 カップ

作り方

1 レンジ対応の保存容器にすべての材料を入れる。
2 フタを斜めにのせて、電子レンジで 5 分加熱する。フタをして 5 分おく。
3 盛りつけて、好みで小口切りにした万能ねぎをちらす。

トマトリゾット…レストランのあの味が、再現できちゃいました

ごはん……1膳（150ｇ）

玉ねぎ……1/4コ（50ｇ）
▶みじん切りにする。

トマトジュース……1/2カップ

パルメザンチーズ
……大さじ2

A
- ローリエ……少々
- 塩……少々
- こしょう……少々

作り方

1 レンジ対応の保存容器にごはん、玉ねぎ、トマトジュース、Aを入れてよく混ぜる。

2 フタを斜めにのせて、電子レンジで 2 分加熱する。よく混ぜてパルメザンチーズをふる。

ツナとねぎのチャーハン

…ごはんも卵もパラパラの完璧な出来栄え

ごはん……1膳（150ｇ）

ごま油……小さじ1

ツナ（缶詰）
……小 1/2 缶
▶汁気をきる。

卵……1/2 コ

長ねぎ……10㎝
**▶縦 4 つ割りに切り、
5㎜幅に切る。**

塩、こしょう……各少々

作り方

1 レンジ対応の保存容器にごはん、ツナ、長ねぎ、卵、ごま油を入れて混ぜ合わせる。

2 フタを斜めにのせて、電子レンジで 2 分 30 秒加熱する。塩こしょうで味をととのえる。

和風蒸しケーキ

材料♣

A
- ホットケーキミックス……75ｇ
- 卵……1 コ
- 牛乳……大さじ 2
- 砂糖……大さじ 2

甘納豆……1/4 カップ(50ｇ)

▶粗く刻む。

作り方

1 レンジ対応の保存容器にAを合わせてよく混ぜる。

2 甘納豆をちらし、表面に霧吹きで水(分量外)を吹きかけ、フタをせずに、電子レンジで 2 分加熱する。

スープと汁もの

豚肉とキャベツの春雨スープ

…体をいたわる、具だくさんの食べるスープです

豚もも薄切り肉……50g
▶細切りにする。

春雨……20g

長ねぎ……10㎝(20g)
▶斜め薄切りにする。

キャベツ……1/2 枚(50g)
▶細切りにする。

A
- 水……1 1/4 カップ
- チキンブイヨン……1/4 コ
- 塩……少々
- こしょう……少々
- しょうゆ……大さじ 1/2
- ごま油……小さじ 1/2

作り方

1 レンジ対応の保存容器にA、豚肉、キャベツ、長ねぎ、春雨を入れる。
2 フタを斜めにのせて、電子レンジで４分加熱する。

あさりとキムチのスープ

…うまみたっぷりスープで、元気をチャージ

白菜キムチ……50ｇ

小松菜……1 株(20ｇ)
▶ **3㎝長さに切る。**

あさり……150ｇ
▶**砂出しして洗う。**

A
- 水……1 1/4 カップ
- チキンブイヨン……1/4 コ
- 塩……少々
- こしょう……少々

作り方

1　レンジ対応の保存容器にあさり、キムチ、小松菜、Aを入れる。
2　フタを斜めにのせて、電子レンジで4分加熱する。

ミネストローネ

…野菜不足を感じたら、このスープでリセット！

早ゆでマカロニ……20g

玉ねぎ……1/4コ(50g)
▶ **1cm角に切る。**

ひよこ豆の水煮(缶詰)
……大さじ2(30g)

トマト
……大1/2コ(100g)
▶ **1cm角に切る。**

ベーコン……1枚
▶ **1cm角に切る。**

キャベツ……1/2枚(50g)
▶ **1cm角に切る。**

A
- 水……1カップ
- チキンブイヨン……1/4コ
- 塩……少々
- こしょう……少々
- ローリエ……少々

作り方

1　レンジ対応の保存容器に玉ねぎ、キャベツ、トマト、ベーコン、ひよこ豆、マカロニ、Aを入れる。
2　フタを斜めにのせて、電子レンジで5分加熱する。

海苔とくずし豆腐のスープ

…潮の香りに癒される滋味深い味わい

豆腐……小 1/2 丁（100 g）

焼き海苔……1/2 枚
▶ちぎる。

A
- だし汁……1 1/4 カップ
- 塩……少々
- しょうゆ……少々

作り方

1 レンジ対応の保存容器に豆腐を入れてくずし、海苔、A を加える。
2 フタを斜めにのせて、電子レンジで 3 分加熱する。

豚汁…栄養たっぷりの汁ものが、少量から作れるのがうれしい

だし汁……1 1/4 カップ
みそ……大さじ 1

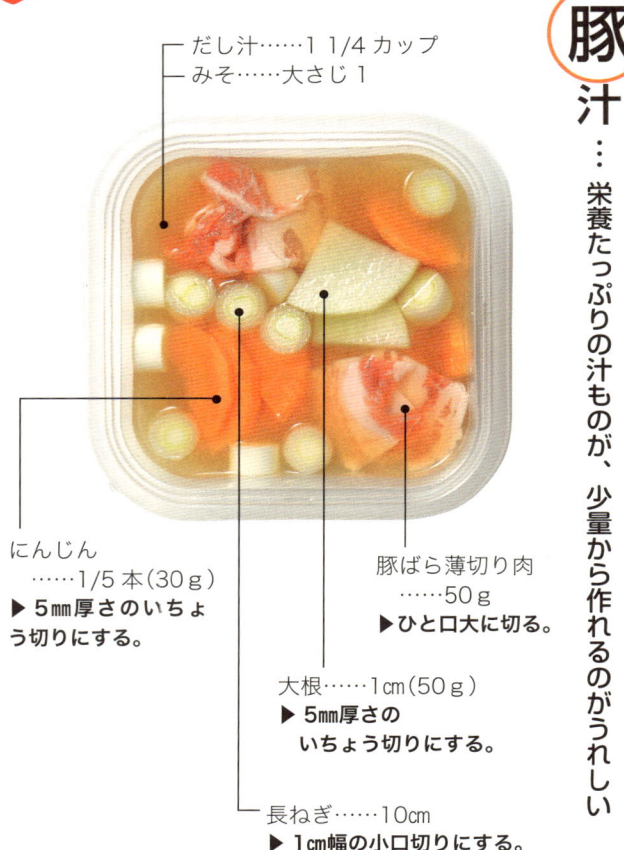

豚ばら薄切り肉……50ｇ
▶**ひと口大に切る。**

にんじん……1/5 本（30ｇ）
▶**5㎜厚さのいちょう切りにする。**

大根……1㎝（50ｇ）
▶**5㎜厚さのいちょう切りにする。**

長ねぎ……10㎝
▶**1㎝幅の小口切りにする。**

作り方

1 レンジ対応の保存容器にだし汁を入れてみそを溶き、豚肉、大根、にんじん、長ねぎを入れる。

2 フタを斜めにのせて、電子レンジで５分加熱する。

きのこのみそ汁

…こんなに簡単ならば、もうインスタントはいらない

だし汁……1カップ

みそ……大さじ1

なめこ……1/2袋

▶**さっと洗う。**

長ねぎ……10㎝

▶**斜め薄切りにする。**

しめじ……1/2パック

▶**石づきを取ってほぐす。**

作り方

1 レンジ対応の保存容器にだし汁を入れてみそを溶き、なめこ、しめじ、長ねぎを入れる。
2 フタを斜めにのせて、電子レンジで 3 分加熱する。

バナナチョコケーキ

材料♣

バナナ……小１本

チョコレートチップ……大さじ３（30ｇ）

A
- ホットケーキミックス……50ｇ
- 卵……１コ
- 砂糖……大さじ１

作り方

1 レンジ対応の保存容器にバナナを入れてフォークでざっとつぶす。Ａを加えてよく混ぜて、チョコレートチップを加える。

2 表面に霧吹きで水（分量外）を吹きかけ、フタをせずに、電子レンジで２分加熱する。

青春新書 PLAYBOOKS

人生を自由自在に活動《プレイ》する

人生の活動源として

いま要求される新しい気運は、最も現実的な生々しい時代に吐息する大衆の活力と活動源である。

文明はすべてを合理化し、自主的精神はますます衰退に瀕し、自由は奪われようとしている今日、プレイブックスに課せられた役割と必要は広く新鮮な願いとなろう。

いわゆる知識人にもとめる書物は数多く窺うまでもない。

本刊行は、在来の観念類型を打破し、謂わば現代生活の機能に即する潤滑油として、逞しい生命を吹込もうとするものである。

われわれの現状は、埃りと騒音に紛れ、雑踏に苛まれ、あくせく追われる仕事に、日々の不安は健全な精神生活を妨げる圧迫感となり、まさに現実はストレス症状を呈している。

プレイブックスは、それらすべてのうっ積を吹きとばし、自由闊達な活動力を培養し、勇気と自信を生みだす最も楽しいシリーズたらんことを、われわれは鋭意貫かんとするものである。

―創始者のことば―　小澤和一

著者紹介

検見崎聡美〈けんみざき　さとみ〉

料理研究家、管理栄養士。赤堀栄養専門学校卒業後、料理研究家の滝沢真理氏に師事。独立後はテレビや雑誌、書籍を中心に活躍。初心者でも手軽に確実に作れる料理と、そのセンスのよさには定評がある。

『3行レシピでつくる居酒屋おつまみ』シリーズをはじめ、『たれとソースの100レシピ』『「味つけ黄金比」の早引きレシピ』『カロリーが気になる人の100kcalの100レシピ』（小社刊）、『体にやさしい遅めの夜ごはん』（西東社）、『イチからていねいに作るはじめてのケーキ』（主婦と生活社）など著書多数。

Staff

本文デザイン
青木佐和子

撮影
小野岳也

スタイリング
room F

料理アシスタント
大木詩子

保《ほ》存《ぞん》容《よう》器《き》でつくる「おハコ」レシピ　青春新書 PLAYBOOKS

2010年7月20日　第1刷

著　者　検《けん》見《み》崎《ざき》聡《さと》美《み》

発行者　小澤源太郎

責任編集　株式会社プライム涌光

電話　編集部　03(3203)2850

発行所　東京都新宿区若松町12番1号　〒162-0056　株式会社青春出版社

電話　営業部　03(3207)1916　振替番号　00190-7-98602

印刷・共同印刷　製本・フォーネット社

ISBN978-4-413-01910-1